团 体 标 准

# 公路桥梁钢箱梁、钢桁梁和钢塔制造与安装技术指南

Technical Guideline for Fabrication and Installation of Steel Box Girder, Steel Truss and Steel Tower for Highway Bridge

T/CHTS 10023—2020

主编单位：安徽省交通建设工程质量监督局
发布单位：中国公路学会
实施日期：2020 年 7 月 31 日

人民交通出版社股份有限公司
北 京

图书在版编目(CIP)数据

公路桥梁钢箱梁、钢桁梁和钢塔制造与安装技术指南：T/CHTS 10023—2020 / 安徽省交通建设工程质量监督局主编. — 北京：人民交通出版社股份有限公司，2020.7
ISBN 978-7-114-16498-9

Ⅰ.①公… Ⅱ.①安… Ⅲ.①公路桥—桥梁施工—指南 Ⅳ.①U448.145.1-62

中国版本图书馆CIP数据核字(2020)第070821号

标准类型：团体标准

Gonglu Qiaoliang Gangxiangliang Ganghengliang he Gangta Zhizao yu Anzhuang Jishu Zhinan

| 标准名称： | 公路桥梁钢箱梁、钢桁梁和钢塔制造与安装技术指南 |
| 标准编号： | T/CHTS 10023—2020 |
| 主编单位： | 安徽省交通建设工程质量监督局 |
| 责任编辑： | 郭红蕊　韩亚楠 |
| 责任校对： | 赵媛媛 |
| 责任印制： | 刘高彤 |
| 出版发行： | 人民交通出版社股份有限公司 |
| 地　　址： | (100011)北京市朝阳区安定门外外馆斜街3号 |
| 网　　址： | http://www.ccpress.com.cn |
| 销售电话： | (010)59757973 |
| 总 经 销： | 人民交通出版社股份有限公司发行部 |
| 经　　销： | 各地新华书店 |
| 印　　刷： | 北京市密东印刷有限公司 |
| 开　　本： | 880×1230　1/16 |
| 印　　张： | 3 |
| 字　　数： | 75千 |
| 版　　次： | 2020年7月　第1版 |
| 印　　次： | 2020年7月　第1次印刷 |
| 书　　号： | ISBN 978-7-114-16498-9 |
| 定　　价： | 220.00元 |

(有印刷、装订质量问题的图书由本公司负责调换)

# 中国公路学会文件

公学字〔2020〕34号

## 中国公路学会关于发布《公路桥梁钢箱梁、钢桁梁和钢塔制造与安装技术指南》的公告

现发布中国公路学会标准《公路桥梁钢箱梁、钢桁梁和钢塔制造与安装技术指南》(T/CHTS 10023—2020),自2020年7月31日起实施。

《公路桥梁钢箱梁、钢桁梁和钢塔制造与安装技术指南》(T/CHTS 10023—2020)的版权和解释权归中国公路学会所有,并委托主编单位安徽省交通建设工程质量监督局负责日常解释和管理工作。

中国公路学会

2020年7月13日

# 前　言

为推进我国公路钢结构桥梁工业化、标准化、智能化建造，在总结钢结构科研成果和工程实践的基础上编制。

本指南按照《中国公路学会标准编写规则》(T/CHTS 10001)编写，共分 5 章，主要技术内容包括：总则、术语、材料、制造、安装等。

本指南实施过程中，请将发现的问题和意见、建议反馈至安徽省交通建设工程质量监督局（地址：安徽省合肥市马鞍山南路 856 号；联系电话：0551-64682573；电子邮箱：zjz@ahjt.gov.cn），供修订时参考。

本指南由安徽省交通建设工程质量监督局提出，受中国公路学会委托，由安徽省交通建设工程质量监督局负责具体解释工作。

**主编单位**：安徽省交通建设工程质量监督局

**参编单位**：中铁宝桥集团有限公司、中铁山桥集团有限公司、中铁上海工程局集团有限公司、中交第二航务工程局有限公司、交通运输部公路科学研究院

**主要起草人**：尹平、李军平、康家鼎、金健、孙立军、马增岗、武黎明、刘刚、和海芳、刘志刚、付常谊、那宪伟、孙占英、尤田

**主要审查人**：李彦武、周海涛、钟建驰、秦大航、侯金龙、赵君黎、刘元泉、杨耀铨、鲍卫刚、田智杰、韩亚楠

T/CHTS 10023—2020

# 目　次

1 总则 ……………………………………………………………………………………………… 1
2 术语 ……………………………………………………………………………………………… 2
3 材料 ……………………………………………………………………………………………… 3
　3.1 一般规定 ……………………………………………………………………………………… 3
　3.2 钢材 …………………………………………………………………………………………… 3
　3.3 焊接材料 ……………………………………………………………………………………… 3
　3.4 高强度螺栓连接副 …………………………………………………………………………… 3
　3.5 圆柱头焊钉 …………………………………………………………………………………… 4
　3.6 涂装材料 ……………………………………………………………………………………… 4
4 制造 ……………………………………………………………………………………………… 5
　4.1 一般规定 ……………………………………………………………………………………… 5
　4.2 零件加工 ……………………………………………………………………………………… 5
　4.3 组装 …………………………………………………………………………………………… 8
　4.4 焊接 …………………………………………………………………………………………… 14
　4.5 矫正 …………………………………………………………………………………………… 20
　4.6 机加工 ………………………………………………………………………………………… 24
　4.7 工厂预拼装 …………………………………………………………………………………… 25
　4.8 涂装 …………………………………………………………………………………………… 29
　4.9 包装、存放、标识和运输 …………………………………………………………………… 30
5 安装 ……………………………………………………………………………………………… 31
　5.1 一般规定 ……………………………………………………………………………………… 31
　5.2 钢箱梁节段安装 ……………………………………………………………………………… 31
　5.3 钢桁梁节段安装 ……………………………………………………………………………… 33
　5.4 钢塔节段安装 ………………………………………………………………………………… 34
　5.5 高强度螺栓施工 ……………………………………………………………………………… 35
　5.6 工地焊接 ……………………………………………………………………………………… 36
用词说明 …………………………………………………………………………………………… 37

# 公路桥梁钢箱梁、钢桁梁和钢塔制造与安装技术指南

## 1 总则

1.0.1 为提高公路桥梁钢箱梁、钢桁梁和钢塔制造与安装技术水平，保证施工质量，特制定本指南。

1.0.2 本指南适用于公路桥梁钢箱梁、钢桁梁和钢塔制造与安装施工。

1.0.3 公路桥梁钢箱梁、钢桁梁和钢塔制造与安装工程施工应积极推广使用新技术、新工艺、新材料和新设备。

1.0.4 除应符合本指南规定外，尚应符合有关法律、法规及国家、行业现行有关标准的规定。

## 2 术语

**2.0.1 板单元 panel unit**

组成块体或节段的基本构件。板单元包括顶底板单元、壁板单元、腹板单元、隔板单元等。

**2.0.2 块体 block**

根据制造和安装需要,将节段分成的若干制造单元。

**2.0.3 节段 segment**

根据制造和安装需要,将整个钢主梁或钢塔柱分成的若干制造、运输及吊装单元。

**2.0.4 杆件 member bar**

组成钢桁梁的基本单元。其中整体节点、弦杆、斜杆、竖杆、纵梁、横梁、桥门架、桥面板单元、锚箱和独立编号的拼接板及节点板为主要杆件,其余为次要杆件。

**2.0.5 预拼装 assembled in advance**

安装施工前进行的连续匹配拼装。

## 3 材料

### 3.1 一般规定

3.1.1 用于桥梁钢结构产品的钢材、焊接材料、高强度螺栓连接副、圆柱头焊钉和涂装材料等的性能均应符合现行相应标准规范和设计文件的规定。

3.1.2 原材料进场时应有质量证明文件，进场后应抽样检验。

### 3.2 钢材

3.2.1 钢材应符合《桥梁用结构钢》(GB/T 714)、《低合金高强度结构钢》(GB/T 1591)及设计文件的有关规定。耐候钢、高性能钢应满足相关标准的规定和设计要求。

3.2.2 钢材进场后的质量检验应符合《公路桥涵施工技术规范》(JTG/T F50)的相关规定。

3.2.3 钢材表面质量应符合《热轧钢板表面质量的一般要求》(GB/T 14977)的有关规定。

3.2.4 钢材进场后存放应符合下列规定：

1 钢材应归类存放，支撑面应在同一平面，支撑点间距应确保钢材不产生塑性变形。

2 钢板存放后应在厚度方向涂上材质色带标识，色带标识中每种颜色的宽度不宜小于50mm。

### 3.3 焊接材料

3.3.1 焊接材料的型号及规格应通过焊接工艺试验评定确定，选用焊接材料的熔敷金属力学性能指标应与主体钢材相匹配。

3.3.2 焊接材料应符合《焊接材料质量管理规程》(JB/T 3223)的有关规定。

3.3.3 焊接材料按照进场顺序逐批随机抽检，抽检规则如下：

1 首次使用的焊接材料均应进行化学成分和熔敷金属力学性能检验。

2 连续使用的同一厂家、同一型号的焊接材料，实芯焊丝逐批进行化学成分检验；焊剂、药芯焊丝、焊条逐批进行熔敷金属力学性能检验。

3 同一型号焊接材料更换厂家后，首个批号应进行化学成分和熔敷金属力学性能检验。

### 3.4 高强度螺栓连接副

3.4.1 高强度螺栓连接副应符合《钢结构用高强度大六角头螺栓》(GB/T 1228)、《钢结构用高强度大六角螺母》(GB/T 1229)、《钢结构用高强度垫圈》(GB/T 1230)、《钢结构用高强度大六角头螺栓、大六角螺母、垫圈技术条件》(GB/T 1231)的有关规定。

3.4.2 高强度螺栓连接副在使用前应按照进场顺序逐批随机抽检。

3.4.3 高强度螺栓连接副进场后应按包装上标明的规格、等级、批号等分类存放保管，应放置在距地面不小于200mm的隔空架上，码放不得超过5层，保管期内不得随意打开包装，防止生锈或污染。

## 3.5 圆柱头焊钉

3.5.1 圆柱头焊钉、瓷环质量应符合《电弧螺柱焊用圆柱头焊钉》(GB/T 10433)的有关规定。

3.5.2 圆柱头焊钉按批进行复验,每批复验的抽样数量应符合表3.5.2的规定。

表 3.5.2 圆柱头焊钉每批复验抽样数量

| 序号 | 圆柱头焊钉每批数量(个) | 抽样数量(个) |
| --- | --- | --- |
| 1 | ≤8000 | 2 |
| 2 | >8000～35000 | 3 |
| 3 | >35000 | 5 |

3.5.3 复验化学成分包括 C、Si、Mn、P、S、Al。

3.5.4 复验力学性能包括屈服强度、抗拉强度、伸长率。

## 3.6 涂装材料

3.6.1 涂装材料应符合《公路桥梁钢结构防腐涂装技术条件》(JT/T 722)的有关规定和涂装设计的要求。

3.6.2 涂装材料按进场顺序逐批随机抽检,同一批号超过4000L,增加一组试样。检验取样时应取A、B两个样品,A样品送检、B样品封存,检测项目存在争议时用B样品进行复检。

3.6.3 涂装材料的储存应符合《涂料产品检验、运输和贮存通则》(HG/T 2458)的有关规定。

## 4 制造

### 4.1 一般规定

4.1.1 制造前,应对设计图进行工艺性复核。

4.1.2 制造前,应根据设计图绘制加工图、编制制造工艺,并按照加工图和制造工艺实施。

4.1.3 制造前,应进行焊接工艺评定,并据此编制焊接工艺。

4.1.4 焊缝力学性能应通过同步制作的产品试板进行验证。

### 4.2 零件加工

4.2.1 零件加工应符合下列基本要求:

1 零件下料前应对进行切割工艺试验评定,并编制作业指导书。

2 下料时,料件主要应力方向应与钢板轧制方向一致。下料后应在规定位置移植材质、炉批号等信息,并作相应记录。

4.2.2 预处理应符合下列要求:

1 钢材应进行辊平或矫正消除应力。

2 采用抛丸除锈清除表面油污、氧化皮和铁锈等杂物。

4.2.3 切割与剪切应符合下列要求:

1 零件应优先采用精密切割下料,切割面质量应符合《公路桥涵施工技术规范》(JTG/T F50)的相关规定。

2 零件采用数控切割机下料时,编程应根据零件形状复杂程度、尺寸大小、精度要求等确定切入点、退出点、切割方向和切割顺序等,并计入切割热变形补偿量。

3 当采用剪切下料时,剪切边缘应整齐,无毛刺等缺陷。

4.2.4 零件矫正应符合下列要求:

1 零件矫正宜采用冷矫,冷矫时的环境温度不应低于－5℃。矫正后的钢材表面不应有明显凹痕或损伤。

2 如采用热矫,温度应与所加工钢材的性能相适应,加热温度应控制在600℃～800℃。矫正后零件温度应缓慢冷却。温度降至室温前,不得锤击钢材或用水急冷。矫正后的钢材表面不应有明显凹痕或损伤。

3 零件矫正允许偏差应符合《公路桥涵施工技术规范》(JTG/T F50)的相关规定。

4.2.5 弯曲加工应符合下列要求:

1 钢材可通过冷、热加工弯曲或压制成型,但加工后其边缘不得产生裂纹。

2 主要受力零件弯曲加工时,环境温度不得低于－5℃,内侧弯曲半径不宜小于板厚的15倍,小于者应热煨;热煨温度应与所加工钢材的性能相适应,温度应控制在600℃～800℃。U肋内侧弯曲半径不宜小于板厚的5倍。

3 等厚U肋可采用辊轧或压弯成型,其尺寸允许偏差应符合表4.2.5的规定。

表4.2.5 U肋尺寸允许偏差

| 序号 | 项目 | 简图 | 允许偏差(mm) |
|---|---|---|---|
| 1 | 长度 | | ±2.0 |
| 2 | 开口宽 $b_1$ | | -1.0~3.0 |
| 3 | 顶宽 $b_2$ | | ±1.5 |
| 4 | 肢高 $h_1$、$h_2$ | | ±2.0 |
| 5 | 两肢差 $\|h_1-h_2\|$ | | ≤2.0 |
| 6 | 直线度 $f$ | | $f≤L/1000$ 且 $f_{max}≤10.0$（$L$ 为U肋长度） |

4.2.6 边缘加工应符合下列要求：

1 零件的边缘、端头切割面应光滑匀顺。

2 零件边缘硬度不超过HV350,加工面粗糙度不得大于25μm。

3 加工面有顶紧要求时,其垂直度应小于0.01倍板厚,且不得大于0.3mm。

4 零件加工尺寸应符合表4.2.6-1~表4.2.6-3的规定。

表4.2.6-1 钢箱梁零件加工尺寸允许偏差

| 序号 | 项目 | 允许偏差(mm) | | |
|---|---|---|---|---|
| | | 长度 | 宽度 | 端面垂直度 |
| 1 | 顶板、底板、腹板 | ±2.0 | ±2.0 | — |
| 2 | 锚箱板件 | ±2.0 | ±2.0 | — |
| 3 | 横隔板、纵隔板 | ±2.0 | ±1.0 | — |
| 4 | 风嘴板件 | ±2.0 | ±2.0 | — |
| 5 | 其他板件 | ±2.0 | ±2.0 | — |
| 6 | 球扁钢、角钢、槽钢 | ±2.0 | — | ≤2.0 |
| 7 | 锚管 | ±2.0 | — | ≤0.5(顶紧端)<br>≤2.0(开放端) |
| 8 | 检查车及桥面附属设施 工字钢 | ±2.0 | — | ≤2.0 |

表4.2.6-2 钢桁梁零件加工尺寸允许偏差

| 序号 | 项目 | | 允许偏差(mm) |
|---|---|---|---|
| 1 | 桁梁的弦、斜、竖杆,纵梁,横梁,联结系杆件 | 盖板宽度 工形 | ±2.0 |
| | | 盖板宽度 箱形 | +2.0<br>0 |
| | | 腹板宽度 | 根据板厚及焊接收缩量确定 |
| 2 | 节点板、拼接板 | 孔边距 | ±2.0 |

表 4.2.6-2(续)

| 序号 | 项目 | | | 允许偏差(mm) |
|---|---|---|---|---|
| 3 | 座板 | 长度、宽度 | 嵌入式 | ±1.0 |
| | | | 其他 | ±2.0 |
| 4 | 拼接板 | 宽度 | | ±2.0 |
| 5 | 支承节点板、拼接板、角钢 | 支承边孔边距 | | +0.5<br>+0.3 |
| 6 | 焊接接头板 | 孔至焊接边距离 | | 根据工艺补偿量确定 |
| 7 | 箱形杆件内隔板 | 宽度 | ≤1000 | +0.5<br>0 |
| | | | >1000 | +1.0<br>0 |
| | | 高度 | | 0<br>−1.0 |
| | | 板边垂直度 | ≤1000 | 不大于0.5 |
| | | | >1000 | 不大于1.0 |
| 8 | 桥面板块 | 桥面板 | 长度、宽度 | ±2.0(工艺要求二次切头时则≥2.0) |
| | | 横梁腹板 | $a$ | ±2.0(任意两槽口间距)<br>±1.0(相邻两槽口间距) |
| | | | $b$ | +4.0<br>0 |
| | | | 开口深度 $h_1$ | ±2.0 |
| | | | 高度 $h$ | +1.5<br>0 |
| | | | 长度 $L$ | 焊接: $\begin{matrix}0\\-2.0\end{matrix}$; 栓接: ±5 |

表 4.2.6-3 钢塔零件加工尺寸允许偏差

| 序号 | 项目 | 项目 | 允许偏差(mm) |
|---|---|---|---|
| 1 | 节段壁板和腹板、横梁盖板和腹板 | 长度 | ±2 |
| | | 宽度 | ±2 |
| | | 板边直线度 | ≤2 |
| 2 | 横隔板 | 长度 | ±1 |
| | | 宽度 | ±1 |
| | | 对角线差 | ≤2 |
| | | 板边直线度 | ≤2 |
| | | 平面度 | 2/1000 |

表 4.2.6-3(续)

| 序号 | 项目 | | 允许偏差(mm) |
|---|---|---|---|
| 3 | 加劲肋 | 长度 | ±2 |
|  |  | 宽度 | ±1 |

**4.2.7** 螺栓制孔应符合下列要求：

1 螺栓孔应采用钻孔样板或数控钻床钻孔的方法，不得采用冲孔或火焰切孔。

2 螺栓孔内壁粗糙度不得大于 25μm，孔缘无损伤，无刺屑。

3 螺栓孔孔径允许偏差应符合表 4.2.7-1 的规定。

表 4.2.7-1 螺栓孔孔径允许偏差

| 序号 | 螺栓直径(mm) | 对应螺栓孔直径(mm) | 允许偏差(mm) | |
|---|---|---|---|---|
|  |  |  | 螺栓孔孔径 | 螺栓孔垂直度 |
| 1 | M12 | 14 | +0.5 / 0 | Δ≤0.3 (t≤30)<br>Δ≤0.5 (t>30) |
| 2 | M16 | 18 | | |
| 3 | M20 | 22 | | |
| 4 | M22 | 24 | +0.7 / 0 | |
| 5 | M24 | 26 | | |
| 6 | M27 | 29 | | |
| 7 | M30 | 33 | | |
| 8 | >M30 | >33 | +1.0 / 0 | |

4 螺栓孔孔距允许偏差应符合表 4.2.7-2 的规定。

表 4.2.7-2 螺栓孔孔距允许偏差

| 序号 | 项目 | | 允许偏差(mm) | |
|---|---|---|---|---|
|  |  |  | 主要杆件 | 次要杆件 |
| 1 | 两相邻孔距离 | | ±0.5 | ±0.5(±1.0) |
| 2 | 多组孔群两相邻孔群中心距 | | ±0.8 | ±1.0(±1.5) |
| 3 | 两端孔群中心距 | ≤11m | ±0.8 | ±1.5 |
| 4 |  | >11m | ±1.0 | ±2.0 |
| 5 | 孔群中心线与杆件中心线的横向偏移 | 腹板不拼接 | 2.0 | 2.0 |
| 6 |  | 腹板拼接 | 1.0 | — |
| 7 | 杆件任意两面孔群纵、横向错位 | | 1.0 | — |

注：括号内数值为附属结构的允许偏差。

### 4.3 组装

**4.3.1** 组装应符合下列基本要求：

1 组装前应熟悉图纸和工艺文件,按图纸核对零件号、外形尺寸和坡口方向,确认无误后方可组装。部件组装应在平台或胎架上以纵、横基准线为基准进行。

2 钢板接料应在组装前完成,并应符合下列规定:

1) 钢箱梁顶板、底板、腹板的接料纵向焊缝与 U 肋、板肋间距不得小于 100mm。钢桁梁的盖板、腹板接料长度不宜小于 1000mm,宽度不得小于 200mm,横向焊缝轴线距孔中心线不宜小于 100mm。

2) 钢箱梁顶板、底板、腹板和钢桁梁接料焊接可为十字形或 T 形,T 形交叉点间距不得小于 200mm;腹板纵向接料焊缝宜布置在受压区。

3) 节点板需要接宽时,接料焊缝应距其他焊缝、节点板圆弧起点、高强度螺栓拼接板边缘部位 100mm 以上;节点板应避免纵横向同时接料。

3 组装前应彻底清除待焊区域的铁锈、氧化皮、油污、水分等有害物,使其表面显露出金属光泽。清除范围应符合图 4.3.1 的规定。

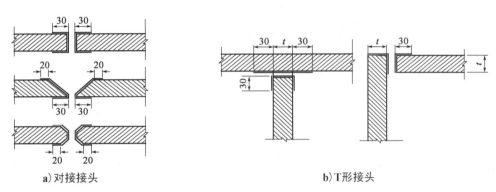

a) 对接接头　　　　　　　　　　　　b) T形接头

图 4.3.1　组装前除锈范围(尺寸单位:mm)

4.3.2　组装应符合表 4.3.2-1～表 4.3.2-5 的规定。

表 4.3.2-1　零部件组装允许偏差

| 序号 | 项　目 | 允许偏差(mm) | 简　图 |
|---|---|---|---|
| 1 | 对接高低差 Δ | 0.5($t<25$)<br>1.0($t\geqslant 25$) |  |
| 2 | 对接间隙 b | 按工艺规定执行 |  |
| 3 | 组装缝隙 Δ | 0.5,局部 1.0 |  |
| 4 | 盖板倾斜度 Δ | ≤0.5 |  |

表 4.3.2-1（续）

| 序号 | 项　　目 | 允许偏差（mm） | 简　图 |
|---|---|---|---|
| 5 | 盖板中心与腹板中心线偏移 Δ | ≤1.0 | |
| 6 | 组合角钢肢高低差 Δ | 0.5（连接处）<br>1.0（其他处） | |
| 7 | 磨光顶紧（局部缝隙） | ≤0.2 | |

表 4.3.2-2　桥面板单元、块体组装允许偏差

| 序号 | 项　　目 | 允许偏差（mm） | 简　图 |
|---|---|---|---|
| 1 | 肋间距 $S_1$、$S$ | ±1.0 端部及横肋处<br>±2.0 其他部位 | |
| 2 | 板肋垂直度 | ≤1.0 | |
| 3 | 平面度 $f$ | ≤1.0/1000<br>且全平面≤4.0 | |
| 4 | 扭曲 $f$ | ≤4.0 | |
| 5 | 纵梁、横梁高度 $h$ | +1.5<br>0 | |
| 6 | 横梁间距 $S$ | ±1.0 | |

表 4.3.2-2（续）

| 序号 | 项目 | 允许偏差(mm) | 简图 |
|---|---|---|---|
| 7 | 纵梁间距及纵梁与横梁中心线距离 $S$ | ±1.0（两端）<br>±2.0（其余） | |
| 8 | 横梁垂直度 $\Delta$ | 1.0（连接部位）<br>2.0（其余部位） | |
| 9 | 纵梁垂直度 $\Delta$ | ≤1.0 | |
| 10 | 横梁底平面对角线差 | $\|l_1-l_2\|\leqslant 2.0$<br>$\|l_3-l_4\|\leqslant 3.0$ | |

表 4.3.2-3 钢箱梁节段组装允许偏差

| 序号 | 项目 | | 允许偏差(mm) | 简图 |
|---|---|---|---|---|
| 1 | 梁长 | 顶板、底板、腹板长度 $L$ | ±2 | |
| 2 | 梁高 | 中部高度 $H_1$<br>边部高度 $H_2$ | ±2 | |
| 3 | 梁宽 | $B\leqslant 30$m | ±6.0 | |
| | | $B>30$m | ±8.0 | |
| 4 | 端口对角线差 $\|L_1-L_2\|$ | | ≤6.0 | |
| 5 | 吊点位置 | 同一梁段两锚箱高差 | ≤5 | |
| | | 同一梁段两吊耳板高差 | | |
| | | 锚箱距梁段端口距离 $L_1$、$L_2$ | ±2 | |

表 4.3.2-3(续)

| 序号 | 项目 | | 允许偏差(mm) | 简图 |
|---|---|---|---|---|
| 6 | 顶板 | 四角(A、B、C、D)水平 | ±6 | |
| | | 四角(A、B、C、D)相对高差 | ≤8.0 | |
| | | 1/2对角线差 $\vert D_1-D_2 \vert$、$\vert D'_1-D'_2 \vert$ | ≤8.0 | |
| 7 | 旁弯 $f$ | | $L/2000$ 且≤5.0 | |
| 8 | 桥面平面度 $f$ | | ≤1.0/1000 全平面≤6.0 | |
| 9 | 桥面横坡 | 双索面 | +0.2% 0% | |
| | | 单索面 | 0 −0.1% | |

表 4.3.2-4 钢桁梁杆件组装允许偏差

| 序号 | 项目 | 允许偏差(mm) | 简图 |
|---|---|---|---|
| 1 | 主桁插入式斜、竖杆高度 $h$ | 0 −1.5① | |
| | 主桁对拼式斜、竖杆高度 $h$ | +1.5 0① | |
| | 箱形杆件对角线差 $\vert l_1-l_2\vert$ | ≤2.0 | |
| | 箱形杆件宽度 $b$ | ±1.0 (有拼接时) | |
| 2 | 磨光顶紧 | ≤0.2 | |
| 3 | 整体节点 节点板垂直度 $\Delta$ | ≤1.5 | |

表 4.3.2-4(续)

| 序号 | 项目 | | 允许偏差(mm) |
|---|---|---|---|
| 4 | $h$、$h_1$、$h_2$ | | +1.5<br>0 |
| | 整体节点弦杆节点板内侧宽度 $b$ | | +2.0<br>+0.5 |
| | 杆件接头板组装尺寸 $L$ | | +1.5<br>0 |
| 5 | 整体节点内隔板的位置 | 与斜竖杆中心线偏离 $\Delta$ | ≤0.5 |
| | | 隔板内距 $B$ | +1.0<br>0 |
| 6 | 锚箱锚管角度 | | ≤0.5° |
| | 锚管位置偏差 | | ±2.0 |
| 7 | 纵梁、横梁、联结系杆件高度 $h$ | | +1.5<br>0 |
| | 板梁主梁高度 $h$ | $h≤2m$ | +2.0<br>0 |
| | | $h>2m$ | +4.0<br>0 |
| 8 | 加劲肋间距 $S$ | | ±1.0 有拼接时 |
| | | | ±3.0 无拼接时 |
| 9 | 箱形梁隔板间距 $S$ | | ±3.0 |
| 10 | 箱形梁高度 $h$ | $h≤2m$ | +2.0<br>0 |
| | | $h>2m$ | +4.0<br>0 |
| | 箱形梁宽度 $b$ | | ±2.0 |
| | 对角线差 $\|l_1-l_2\|$ | | 3.0 |
| | 箱形梁旁弯 $f$ | | 5.0 |

表 4.3.2-4（续）

| 序号 | 项目 | | 允许偏差（mm） | 简图 |
|---|---|---|---|---|
| 11 | 钢衬垫或陶质衬垫对接焊接头组装 | α | ±5° | |
| | | Δ | 0.5 | |
| | | S | +6.0<br>−2.0 | |

注1：①可根据坡口深度、焊脚尺寸及工艺方法调整。
注2：α-组装间隙；Δ-角度偏差；S-坡口间隙。

表 4.3.2-5　钢塔节段组装允许偏差

| 序号 | 项目 | 允许偏差（mm） | 简图 |
|---|---|---|---|
| 1 | 高度 H | ±2 | |
| 2 | 宽度 B | ±2 | |
| 3 | 端口对角线相对差 D | ≤3 | |
| 4 | 扭曲 δ | ≤3 | |
| 5 | 横隔板垂直度 Δ | ≤2 | |
| | 横隔板间距 S | ±2 | |
| 6 | 旁弯 | ≤3 | |

注：L-钢塔节段长度。

4.3.3 定位焊应符合下列要求：

1 定位焊前，应按图纸及工艺文件检查焊件的几何尺寸、坡口尺寸、根部间隙、焊接部位的清理情况等。

2 定位焊缝的焊脚尺寸不应大于设计焊脚尺寸的一半；距设计焊缝端部 30mm 以上，其长度一般为 60mm～100mm，间距为 400mm～600mm。

3 定位焊不应有裂纹、夹渣、焊瘤、焊偏、弧坑、未焊满等缺陷。

## 4.4 焊接

4.4.1 焊接应符合下列要求：

1 施焊时应严格执行焊接工艺，焊接参数应在工艺规定的范围内调整。

2 露天焊接工作应采取防风防雨措施，焊接环境湿度应不大于80%。低合金钢及桥梁用钢的焊接环境温度宜在5℃以上,普通碳素钢的焊接环境温度宜在0℃以上。

3 主要杆件宜在组装后24h内完成焊接。超过24h的可依据不同情况在焊接部位进行必要的清理或去湿处理后方可施焊。

4 焊前预热温度应通过焊接工艺评定确定。预热范围宜为焊缝每侧100mm以上,距焊缝30mm~50mm范围内测温。

5 埋弧自动焊应在焊缝端部80mm以外的引板上起、熄弧。焊接后,应用气割切掉两端的引板或产品试板,并磨平切口,且不得损伤母材。

6 气体保护焊所使用的$CO_2$气体纯度应不小于99.5%。

7 焊条、焊剂应按规定烘干使用,应符合表4.4.1的规定。烘干后的焊接材料应随用随取。当从烘干箱取出的焊接材料超过4h时,应重新烘干,烘干次数不得超过2次。

表4.4.1 焊接材料烘干、保温要求

| 序号 | 焊接材料 | 烘干温度(℃) | 烘干时间(h) | 保存温度(℃) |
|---|---|---|---|---|
| 1 | 碱性焊剂、烧结焊剂 | 350~400 | 2 | 140~160 |
| 2 | 低氢焊条 | 350~400 | 2 | 140~160 |

8 Ⅰ级焊缝焊后应记录杆件的名称、件号、焊缝位置、焊接日期、焊接参数、预热温度以及质量状况、操作者等相关信息。

4.4.2 圆柱头焊钉焊接应符合下列要求:

1 圆柱头焊钉应采用螺柱焊机进行焊接;使用螺柱焊机焊接困难时,可采用手工焊接。

2 圆柱头焊钉焊接前,应除去自身的锈蚀、油污、水分及其他不利于焊接的物质。受潮的瓷环使用前应在150℃的烘箱中烘干2h。

3 圆柱头焊钉施焊时,焊枪应与钢板表面垂直,在熔敷金属完全凝固前不得移动焊枪。

4 每日每台班开始焊接前或更换焊接条件时,应试焊两个圆柱头焊钉并进行30°弯曲试验。当有一个破坏时,应调整焊接工艺参数,重新进行焊接试验;仍不符合要求时,应调整焊接工艺参数直到合格。

4.4.3 焊缝的外观检验应符合下列要求:

1 焊缝应在冷却至室温后进行外观检查。焊缝外观应符合表4.4.3的规定。

表4.4.3 焊缝外观允许缺陷(单位:mm)

| 序号 | 项目 | 简 图 | 质 量 标 准 | |
|---|---|---|---|---|
| 1 | 咬边 | | 受拉部件纵向及横向对接焊缝 | 不容许 |
| | | | 受压部件横向对接焊缝 | Δ≤0.3 |
| | | | 主要角焊缝和受压部件纵向对接焊缝 | Δ≤0.5 |
| | | | 其他焊缝 | Δ≤1 |
| 2 | 气孔 | — | 对接焊缝 | 不允许 |
| | | | 主要角焊缝 | 直径小于1 | 每米不超过3个,其间距不小于20mm |
| | | | 其他焊缝 | 直径小于1.5 | |

表 4.4.3（续）

| 序号 | 项目 | 简图 | 质量标准 |
|---|---|---|---|
| 3 | 焊脚尺寸 | | 埋弧焊 $^{+2}_{0}$，手弧焊 $^{+2}_{-1}$，手弧焊全长 10% 范围内容许 $^{+3}_{-1}$ |
| 4 | 焊波 | | 任意 25mm 范围内 $\Delta \leqslant 2.0$ |
| 5 | 余高（对接） | | $b \leqslant 20mm$ 时，$\Delta \leqslant 2$<br>$b > 20mm$ 时，$\Delta \leqslant 3$ |
| 6 | 对接焊缝余高铲磨 | | $\Delta_1 \leqslant 0.5$<br>$\Delta_2 \leqslant 0.3$ |

2 圆柱头焊钉焊接的检验应符合下列要求：

1）焊钉焊完后，应及时去除圆柱头焊钉周围的瓷环，进行外观检验，应获得完整的 360°周边焊缝。

2）应随机抽取焊钉总数的 1% 进行弯曲检验，锤击圆柱头焊钉，使其弯曲 30°时焊缝和热影响区无目视可见的裂纹为合格，若不合格则加倍检验。

4.4.4 焊缝的无损检验应符合下列要求：

1 焊缝的无损检测应在焊缝外观检验合格且施焊完成 24h 后进行。

2 焊缝无损检验等级及探伤范围应符合表 4.4.4-1～表 4.4.4-3 的规定。

**表 4.4.4-1 钢箱梁焊缝无损检验质量等级及探伤范围**

| 序号 | 焊缝部位 | 焊缝等级 | 探伤方法 | 检测等级 | 探伤比例 | 探伤部位 |
|---|---|---|---|---|---|---|
| 1 | 横向对接焊缝（顶板、底板、腹板、横隔板等） | Ⅰ级 | 超声波探伤（UT） | B（单面双侧） | 100% | 焊缝全长 |
| 2 | 纵向对接焊缝（顶板、底板、腹板等） | | | | | 端部 1m 范围内为Ⅰ级，其余部位为Ⅱ级 |
| 3 | T形接头和角接接头熔透角焊缝 | | | B | | 焊缝全长 |
| | 横隔板纵向对接焊缝 | | | B | | 焊缝全长 |
| 4 | 部分熔透角焊缝 | | | B | | 焊缝两端各 1000mm |
| 5 | 焊脚尺寸≥12mm 的角焊缝 | Ⅱ级 | | A | | 焊缝两端各 1000mm |

表 4.4.4-1（续）

| 序号 | 焊缝部位 | | 焊缝等级 | 探伤方法 | 检测等级 | 探伤比例 | 探伤部位 |
|---|---|---|---|---|---|---|---|
| 6 | 纵向对接焊缝 | 顶板 | Ⅰ级 | 射线探伤（RT） | B | 10% | 中间250mm～300mm |
|  |  | 底板、腹板 |  |  |  |  | 焊缝两端各250mm～300mm |
| 7 | 横隔板横向对接焊缝 | |  |  |  | 5% | 下部250mm～300mm |
| 8 | 横向对接焊缝(顶板、底板、腹板等) | |  |  |  | 10% | 两端各250mm～300mm，长度大于1200mm中间加探250mm～300mm |
| 9 | 梁段间对接焊缝 | 顶板十字交叉焊缝 |  |  |  | 100% | 纵、横向各250mm～300mm |
| 10 |  | 底板十字交叉焊缝 |  |  |  | 30% |  |
| 11 |  | 腹板 |  |  |  | 100% | 焊缝两端各250mm～300mm |
| 12 | 连接锚箱或吊耳板的熔透角焊缝 | | Ⅱ级 | 磁粉探伤（MT） | — | 100% | 焊缝全长 |
| 13 | U形肋对接焊缝 | |  |  |  |  | 焊缝全长 |
| 14 | 横隔板与腹板角焊缝 | |  |  |  |  | 焊缝两端各500mm |
| 15 | U形肋与顶（底）板角焊缝 | |  |  |  |  | 每条焊缝两端各1000mm，其中行车道范围的顶板角焊缝为焊缝两端各2000mm |
| 16 | 横隔板与顶（底）板角焊缝 | |  |  |  |  | 行车道范围总长的20% |
| 17 | 腹板与底板角焊缝 | |  |  |  |  | 焊缝两端各1000mm，中间每隔2000mm探1000mm |

注：表中探伤比例指探伤接头数量与全部接头数量之比。

表 4.4.4-2 钢桁梁焊缝无损检验质量等级及探伤范围

| 序号 | 焊缝部位 | 焊缝等级 | 探伤方法 | 检测等级 | 探伤比例 | 探伤部位 |
|---|---|---|---|---|---|---|
| 1 | 主要杆件对接焊缝 | Ⅰ级 | 超声波探伤（UT） | B | 100% | 焊缝全长 |
| 2 | 全熔透角焊缝 |  |  |  |  |  |
| 3 | 主要杆件主要角焊缝 | Ⅱ级 |  | A(板厚<45) |  | 两端螺栓孔部位并延长500mm，板梁主梁、箱梁及纵、横梁跨中加探1000mm，整体节点杆件节点板范围全长 |
|  |  |  |  | B(板厚>45) |  |  |
| 4 | 主要杆件受拉横向、纵向对接焊缝 | Ⅰ级 | 射线探伤（RT） | B | 10% | 焊缝两端各250mm～300mm，焊缝长度大于1200mm时，中部加探250mm～300mm |
| 5 | 桥面系十字接头对接焊缝 |  |  |  | 100% | 以十字交叉点为中心，纵横各120mm～150mm |
| 6 | 桥面板纵肋角焊缝 | Ⅱ级 | 磁粉探伤（MT） |  | 10% | 焊缝两端各1000mm |
| 7 | 桥面板U肋焊缝 |  |  |  | 100% | 焊缝两端各1000mm |

注：板厚大于30mm（不等厚对接时，按薄板计）的主要杆件受拉横向、纵向对接焊缝，还应按照10%的比例且不少于一个焊接接头进行检测等级为C级、质量等级为Ⅰ级的超声波检验。

表 4.4.4-3  钢塔焊缝无损检验质量等级及探伤范围

| 序号 | 焊缝部位 | 焊缝等级 | 探伤方法 | 检测等级 | 探伤比例 | 探伤部位 |
|---|---|---|---|---|---|---|
| 1 | 所有对接焊缝 | Ⅰ级 | 超声波探伤（UT） | B | 100% | 焊缝全长 |
| 2 | 全熔透角焊缝 | | | | | |
| 3 | 壁板加劲肋坡口角焊缝 | Ⅱ级 | | A(板厚<45) | | 焊缝两端各1000mm |
| 4 | 壁板与壁板间坡口角焊缝 | | | | | |
| 5 | 坡口角焊缝 | | | | | 按设计文件规定执行 |
| 6 | 锚箱部位熔透角焊缝 | Ⅱ级 | 磁粉探伤（MT） | | 100% | 焊缝全长 |
| 7 | 设计文件要求的焊缝 | | | | | 按设计文件规定执行 |

3 超声波探伤的距离-波幅曲线灵敏度应符合表 4.4.4-4 的规定，超声波缺陷等级评定应符合表 4.4.4-5 的规定。

表 4.4.4-4  超声波探伤的距离-波幅曲线的灵敏度

| 序号 | 焊缝接头形式及验收等级 | | 板厚(mm) | 判 废 线 | 定 量 线 | 判 定 线 |
|---|---|---|---|---|---|---|
| 1 | 对接焊缝Ⅰ、Ⅱ级 | | 8～100 | $\phi3\times40-4dB$ | $\phi3\times40-10dB$ | $\phi3\times40-16dB$ |
| 2 | 角焊缝Ⅱ级 | 部分熔透角焊缝 | 8～100 | $\phi3\times40-4dB$ | $\phi3\times40-10dB$ | $\phi3\times40-16dB$ |
| 3 | | 贴脚焊缝 | 8～25 | $\phi1\times2$ | $\phi1\times2-6dB$ | $\phi1\times2-12dB$ |
| 4 | | | >25～100 | $\phi1\times2+4dB$ | $\phi1\times2-4dB$ | $\phi1\times2-10dB$ |
| 5 | 全熔透角焊缝Ⅰ、Ⅱ级 | | 8～100 | $\phi3\times40-4dB$ | $\phi3\times40-10dB$ | $\phi3\times40-16dB$ |
| 6 | | | | $\phi6^*$ | $\phi3^*$ | $\phi2^*$ |

注1：角焊缝超声波探伤采用铁路钢桥制造专用柱孔标准试块或与其校准过的其他孔形试块。
注2：如超声波探伤已可准确认定焊缝存在裂纹，则应判定焊缝质量不合格。
注3：符号 * 表示纵波探伤的平底孔参考反射体尺寸。

表 4.4.4-5  超声波探伤缺陷等级评定

| 序号 | 焊缝接头形式及验收等级 | 板厚(mm) | 单个缺陷指示长度(mm) |
|---|---|---|---|
| 1 | 对接焊缝Ⅰ级 | 8～100 | $t/3$，最小可为10，最大不超过30 |
| 2 | 对接焊缝Ⅱ级 | | $2t/3$，最小可为12，最大不超过50 |
| 3 | 熔透角焊缝Ⅰ级 | | $t/3$，最小可为10，最大不超过30 |
| 4 | 熔透角焊缝Ⅱ级 | | $2t/3$，最小可为12，最大不超过50 |
| 5 | 角焊缝Ⅱ级 | | $t/2$，最小可为10，最大不超过30 |

注1：当判断为裂纹、未熔合、未焊透(对接焊缝)等危及性缺陷者，应判断为不合格。
注2：母材板厚不同时，按较薄板评定。
注3：缺陷指示长度小于8mm时，按5mm计。

4 采用磁粉、超声、射线等多种方法检验的焊缝，应满足各自的质量要求。磁粉检测应符合《焊缝无损检测 焊缝渗透检测 验收等级》(GB/T 26953)的有关规定。超声波检测应符合《焊缝无损检测 超声检测 技术、检测等级和评定》(GB/T 11345)的有关规定。焊缝的射线检测应符合《金属熔化焊焊接接头射线照相》(GB/T 3323)的有关规定。

4.4.5 产品试板检验应符合下列要求：

1 产品试板应按照焊缝类型进行制作,材质、厚度、轧制方向及坡口形式应与焊件相同,试板长度应大于400mm,焊缝每侧宽度不得小于200mm。

2 产品试板应组装在焊件上并同时施焊,当不能组焊在焊件上时,可采用与焊件相同的焊接条件进行同时施焊。

3 产品试板的数量应根据焊缝的类型和数量确定,应符合表4.4.5-1～表4.4.5-3的规定。

表4.4.5-1 钢箱梁产品试板类型及数量

| 序号 | 焊缝形式 | 试板数量 | 备注 |
|---|---|---|---|
| 1 | U肋与顶板连接角焊缝 | 1组/1个梁段 | 检测焊缝熔深 |
| 2 | 顶板对接纵向焊缝 | 1组/24条焊缝 | — |
| 3 | 底板对接纵向焊缝 | 1组/24条焊缝 | — |
| 4 | 桥位梁段焊缝 | 1组/10个接口 | 顶板、腹板、底板各做1组 |

表4.4.5-2 钢桁梁产品试板类型及数量

| 序号 | 焊缝形式 | | 试板数量 | 备注 |
|---|---|---|---|---|
| 1 | 受拉横向对接焊缝 | 接头长度≤1000mm | 1组/32条焊缝 | — |
| | | 接头长度>1000mm | 1组/24条焊缝 | — |
| 2 | 桥面板横向对接焊缝 | | 1组/20条焊缝 | — |
| 3 | 全断面对接焊缝 | | 1组/10个断面 | 平、立、仰焊缝各做1组 |

表4.4.5-3 钢塔梁产品试板类型及数量

| 序号 | 焊缝形式 | 试板数量 | 备注 |
|---|---|---|---|
| 1 | 壁板、腹板对接横向焊缝 | 1组/10条焊缝 | — |
| 2 | 壁板、腹板对接纵向焊缝 | 1组/20条焊缝 | — |
| 3 | 焊接钢塔桥位环口焊缝 | 1组/5个接口 | — |

4 产品试板经外观和探伤检验合格后进行力学性能试验,结果应符合表4.4.5-4的规定。试样数量和试验结果应符合焊接工艺评定的有关要求。

表4.4.5-4 产品试板合格标准

| 序号 | 试验内容 | 合格标准 |
|---|---|---|
| 1 | 接头拉伸 | 不低于母材强度 |
| 2 | 弯曲180° | 不裂 |
| 3 | 焊缝金属冲击 | 现行相关标准 |

5 试验结果不合格,可在原试板上重新取样再试验,如试验结果仍不合格,则判定不合格,并查明原因。

4.4.6 焊缝返修及修磨应符合下列要求:

1 埋弧自动焊施焊时不宜断弧。当发生断弧时,应将断弧处焊缝气刨或铲磨成1:5斜坡,并搭接50mm再引弧施焊,焊后搭接处应修磨匀顺。

2 焊接缺陷修补时,应在焊接工艺的规定的预热温度基础上提高30℃～50℃,预热范围为缺陷周围大于100mm的全部区域。

3 焊缝缺陷的修补应符合表4.4.6规定。

表4.4.6 焊缝缺陷的修补方法

| 序号 | 焊接缺陷种类 | 焊接缺陷修补方法 |
|---|---|---|
| 1 | 误引弧 | 对直径$\phi \leq 4mm$,深度$h \leq 0.5mm$的缺陷用砂轮修磨匀顺;直径$\phi > 4mm$,深度$h > 0.5mm$的缺陷,补焊后用砂轮修磨匀顺 |
| 2 | 咬边 | 深度$0.3mm \leq h \leq 0.5mm$处用砂轮修磨匀顺;深度$h > 0.5mm$处补焊后用砂轮修磨匀顺 |
| 3 | 焊缝表面高低不平、焊瘤 | 用砂轮修磨匀顺 |
| 4 | 未焊透、夹渣、气孔、凹坑、焊瘤等 | 用气刨或磨削清除后补焊并用砂轮修磨 |
| 5 | 焊接裂纹及弯曲加工时的边缘裂纹 | 查明原因,提出防治措施,清除裂纹,按补焊工艺补焊后修磨匀顺 |
| 6 | 烧穿 | 先在一面补焊,后再在另一面刨槽封底补焊 |
| 7 | 飞溅 | 铲除 |

4 对没有获得完整360°周边焊的圆柱头焊钉,可采用小直径低氢焊条进行补焊。补焊时要求预热温度50℃～80℃,焊缝长度至少应在缺焊处每端扩出10mm,补焊焊角尺寸6mm。不合格的圆柱头焊钉应拆除。

5 焊缝超标缺陷经修补处理后应修磨匀顺,其质量要求应符合原焊缝的质量等级规定。返修次数不宜超过两次。

## 4.5 矫正

4.5.1 矫正应符合下列要求:

1 冷矫时环境温度不宜低于-5℃,冷矫变形量不应大于2%。

2 热矫时,温度应与所加工钢材的性能相适应,加热温度应为600℃～800℃,不宜在同一部位多次重复加热,温度降至室温前,不应锤击钢材和用水急冷。

3 矫正后的构件表面不应有凹痕和其他损伤。

4.5.2 钢箱梁板单元及梁段矫正允许偏差应符合表4.5.2-1和表4.5.2-2的规定。

表4.5.2-1 钢箱梁板单元矫正允许偏差

| 序号 | 项目 | | 允许偏差(mm) | 简图 |
|---|---|---|---|---|
| 1 | 顶板、底板、腹板 | 横向平面度 | ≤2 | |
| | | 纵向平面度 | ≤4(每4m范围内) | |
| | | 角变形Δ | ≤b/150 | |
| | | 扭曲 | ≤3 | |
| | | 板边直线度 | ≤3 | |

表 4.5.2-1(续)

| 序号 | 项目 | | 允许偏差(mm) | 简图 |
|---|---|---|---|---|
| 2 | 横隔板 | 横向平面度 | ≤$h_1/250$ | |
| | | 纵向平面度 | ≤4(每4m范围内) | |
| | | 板边直线度 | ≤2(搭接构造可放宽) | |
| 3 | | 纵隔板及接板长度、宽度 | ±2(−2～1) | |
| | | 纵隔板对角线差 $\|L_1-L_2\|$ | ≤4 | |
| | | 纵隔板及其接板平面度 $f$ | ≤2 | |
| 4 | | 锚箱承压板位置 | ±2.0 | |
| | | 锚箱承力板角度 $\beta$ | ±0.1° | |
| | | 锚箱承压板角度(90°−$\beta$) | ±0.1° | |
| 5 | | 锚垫板在轴线上的位置 $L$ | ±2 | |
| | | 锚拉板纵桥方向角度 $\alpha$ | ±0.1° | |
| | | 锚管与锚拉板偏移 $\Delta$ | ≤2.0 | |
| | | 锚拉板平面度 | ≤2 | |
| 6 | | 风嘴长度、宽度 | ±2 | |
| | | 风嘴顶板、导风板平面度 $f$ | ≤$S_1/250$ | |

表 4.5.2-2 钢箱梁节段矫正允许偏差

| 序号 | 项目 | | 允许偏差(mm) | 简图 |
|---|---|---|---|---|
| 1 | 高度 | $H$、$H_1$、$H_2$ | ±2(≤2m)<br>±4(>2m) | |
| 2 | 宽度 | $B$≤30m | ±6 | |
| | | $B$>30m | ±8 | |

21

表 4.5.2-2（续）

| 序号 | 项目 | | 允许偏差(mm) | 简图 |
|---|---|---|---|---|
| 3 | 端口尺寸 | 对角线差 $\|L_1-L_2\|$ | ≤6 | |
| 4 | 顶板 | 四角相对高差 | ≤8 | |
| 5 | 旁弯 | $f$ | ≤$L/2000$ 且≤5 | |
| 6 | 板面平面度 | 横桥向 $f$ | ≤$S_1/250$ | |
| | | 纵桥向 $f$ | ≤$S_2/500$ | |

4.5.3 钢桁梁杆件矫正允许偏差应符合表 4.5.3 的规定。

表 4.5.3 钢桁梁杆件矫正允许偏差

| 序号 | 项目 | | 允许偏差(mm) | 简图(mm) |
|---|---|---|---|---|
| 1 | 盖板对腹板的垂直度 $\Delta$ | 有孔部位 | 当 $b≤600$，$\Delta≤0.5$；当 $b>600$，$\Delta≤1.0$ | |
| | | 其余部位 | ≤1.5 | |
| 2 | 盖板平面度 $\Delta$ | 有孔部位 | ≤0.5 | |
| | | 其余部位 | ≤1.0 | |
| 3 | 工形杆件腹板平面度 | | $h/500$ 且不大于 2.0 | |
| 4 | 箱形杆件盖腹板平面度 | | 工地孔部位：≤$S/750$ 且≤1.0；其余部位：≤$S/250$ | |

表 4.5.3（续）

| 序号 | 项 目 | 允许偏差(mm) | 简图(mm) |
|---|---|---|---|
| 5 | 箱形杆件对角线差 $\|l_1-l_2\|$ | ≤2.0（边长＜1000）<br>≤3.0（边长≥1000） | |
| 6 | 工形、箱形杆件的扭曲 Δ | ≤3.0 | |
| 7 | 整体节点杆件栓孔部位节点板平面度 $\Delta_1$ | ≤1.0 | |
| 7 | 整体节点杆件栓孔部位盖、腹板平面度 $\Delta_2$ | ≤1.0 | |
| 7 | 整体节点杆件栓孔部位出沿板平面度 $\Delta_3$ | ≤1.5 | |
| 8 | 纵梁、横梁腹板平面度 Δ | ≤h/500 且不大于 5.0 | |
| 9 | T形、工形、箱形杆件的弯曲；纵梁、横梁的旁弯 f | ≤2.0（l≤4000）<br>≤3.0（4000＜l≤16000）<br>≤5.0（l＞16000） | |
| 10 | 节点板、接头板垂直度 $\Delta_1$、$\Delta_2$、$\Delta_3$ | $\Delta_1$≤1.5<br>$\Delta_2$≤1.0<br>$\Delta_3$≤1.0 | |
| 10 | 有连接部位下盖板平面度 $\Delta_4$ | ≤2.0 | |
| 10 | 插入式连接节点板间距 S | +1.5<br>0 | |
| 10 | 对拼式连接节点板间距 S | +1.5<br>-1.0 | |
| 11 | 纵梁、横梁拱度 f | +3.0<br>0<br>（预设拱度基础上） | |

4.5.4 钢塔节段矫正尺寸允许偏差应符合表 4.5.4 的规定。

表 4.5.4 钢塔节段矫正允许偏差

| 序号 | 项 目 | | 允许偏差(mm) | 简 图 |
|---|---|---|---|---|
| 1 | 高 $H$ | | ±2 | |
| 2 | 宽 $B$ | | ±2 | |
| 3 | 端口对角线相对差 $\Delta$ | | ≤3 | |
| 4 | 扭曲 $\delta$ | | ≤3 | |
| 5 | 旁弯 | | ≤3 | |
| 6 | 平面度 | 纵向 | ≤$W/300$ | |
| | | 横向 | ≤$S/500$ | |
| | | 连接部位 | ≤2 | |
| 注：$L$-钢塔节段长度。 | | | | |

## 4.6 机加工

4.6.1 机加工应符合下列要求：

1 机加工前加工件各部位温度应均衡。划线应选择温差较小时段进行。

2 端面加工应按粗加工、半精加工、精加工顺序进行，并应根据加工精度要求选择切削刀具、确定切削参数。

4.6.2 钢锚箱端面机加工允许偏差应符合表 4.6.2 的规定。

表 4.6.2 钢锚箱端面机加工允许偏差

| 序号 | 项 目 | 允许偏差 | 备 注 |
|---|---|---|---|
| 1 | 钢锚箱高度(mm) | ±1 | |
| 2 | 上、下端面与轴线的角度偏差(″) | ≤25 | |
| 3 | 上下两端面平行度(″) | ≤50 | |
| 4 | 端面平面度(mm) | ≤0.2 | |
| 5 | 加工表面粗糙度(μm) | 12.5 | |

4.6.3 钢塔节段端面机加工应符合下列要求：

1 首件划线与定位前应确定合适的受力状态和支点位置。

2 机加工前，应对刚度较小的局部进行加固。不应将支承点设在钢塔节段内部无加劲构造的部位。

3 机加工质量允许偏差应符合表 4.6.3 的规定。

表4.6.3 机加工质量允许偏差

| 序号 | 项　目 | 允　许　偏　差 | 备　注 |
|---|---|---|---|
| 1 | 表面粗糙度（μm） | ≤12.5 | 粗糙度测量仪或样块对比法 |
| 2 | 构件长度（mm） | ±2 | 钢尺 |
| 3 | 平面度（mm） | 0.08mm/m 且全平面≤0.25 | API或等性能的检测设备 |
| 4 | 节段端面对轴线的垂直度（顺桥向、横桥向） | ≤1/10000 | API或等性能的检测设备 |

## 4.7 工厂预拼装

**4.7.1** 预拼装应符合下列要求：

1 预拼装应在胎架上进行，胎架应有足够的刚度和地基承载力。预拼装构件应处于稳定的自由状态。

2 预拼装检测应在无日照影响的条件下进行，并应有详细的检查记录。

3 工地匹配连接件宜在预拼装检验合格后成对安装。

**4.7.2** 钢箱梁工厂预拼装应符合下列要求：

1 钢箱梁预拼装可采用按制造线形预拼装或水平预拼装两种方式。采用水平预拼装时应精确计算匹配件的安装位置。

2 钢箱梁节段预拼装应连续匹配，每次预拼装节段数不应少于3个节段。

3 钢箱梁预拼装允许偏差应符合表4.7.2的规定。

表4.7.2 钢箱梁预拼装允许偏差

| 序号 | 项　目 | 允许偏差（mm） | 备　注 |
|---|---|---|---|
| 1 | 预拼装长度$L$ | 取$±2n$与$±15$绝对值较小者 | $n$为梁段数 |
| 2 | 预拼装累加长度 | ±20 | 累加已预拼装梁段的长度（含工艺间隙、不含二次切割量） |
| 3 | 两相邻吊点纵距 | ±3 | 测吊点间距 |
| 4 | 两吊点相对错位 | 4 | 测同一节段两吊点与桥中线垂线错位 |
| 5 | 梁段中心线错位 | ≤1 | 梁段中心线与桥轴中心线偏差 |
| 6 | 制造线形 | +10 −5 | 沿桥轴线测量隔板处高程 |
| 7 | 纵肋直线度$f$ | ≤2 | 梁段匹配接口处 |
| 8 | 旁弯$f$ | $3+0.1L_m$，且任意20m测长内$f<6$ | 测桥面中心线的平面内偏差；$L_m$为任意3个预拼装梁段长度，以m计 |

表 4.7.2(续)

| 序号 | 项目 | 允许偏差(mm) | 备注 |
|---|---|---|---|
| 9 | 对接错边 | ≤1.5 | 梁段接口处安装临时匹配件后 |
| 10 | 环口间隙 | +3 / −1 | 检测顶板、腹板、底板间隙 |

**4.7.3** 钢桁梁预拼装应符合下列要求：

1 钢桁梁预拼装应连续匹配。立体预拼装每次拼装长度应大于等于3个节段。平面预拼装时，简支桁梁预拼装长度不宜小于半跨，连续梁预拼装应包括所有变化节点。

2 预拼装时，板层应密贴，冲钉宜大于等于螺栓孔总数的10%，工艺螺栓宜大于等于螺栓孔总数的20%。

3 预拼装时，应用试孔器检查所有螺栓孔。桁梁主桁的螺栓孔应100%自由通过较设计孔径小0.75mm的试孔器；其他螺栓孔应100%自由通过较设计孔径小1.0mm的试孔器。

4 钢桁梁预拼装应符合表4.7.3-1~表4.7.3-3的相关要求。

表 4.7.3-1　钢桁梁平面预拼装允许偏差

| 序号 | 项目 | | 允许偏差(mm) | 备注 |
|---|---|---|---|---|
| 1 | 桁高 | | ±4 | 上下弦杆中心距离 |
| 2 | 节间长度 | | ±2 | — |
| 3 | 旁弯 | | $L/5000$ | 桥面系中线与其试装全长 $L$ 的两端中心所连直线的偏差 |
| 4 | 预拼装全长 $L$ | | ±5 | $L$≤50000 |
| | | | ±$L/10000$ | $L$>50000 |
| 5 | 预拱度 | | ±3 | 当 $f$≤60 时($f$ 为计算拱度，单位 m) |
| | | | ±$5f/100$ | 当 $f$>60 时($f$ 为计算拱度，单位 m) |
| 6 | 对角线 | | ±3 | 每个节间 |
| 7 | 主桁中心距 | 两片主桁 | ±3 | 两相邻主桁的中心距离 |
| | | 三片主桁 | ±2.5 | 边桁至中桁的中心距离 |
| | | | ±5 | 边桁至边桁的中心距离 |

表 4.7.3-2　钢桁梁节段预拼装主要尺寸允许偏差

| 序号 | 项目 | 允许偏差(mm) | 备注 |
|---|---|---|---|
| 1 | 预拼装长度 $L$ | ≤$L/10000$ 且≤10 | 主桁预拼装弦杆极边孔距 |
| 2 | 两相邻节点间距 $L_1$ | ±3.0 | 两相邻节段的相邻节点纵向间距 |
| 3 | 两相邻锚点间距 $L_2$ | ±5.0 | 两相邻节段的相邻锚箱锚点纵向间距 |
| 4 | 横联顺桥向位置偏移量 $\Delta_1$ | ≤5.0 | 各横联中心与竖杆中心线的偏移量 |
| 5 | 主桁中心线直线度（旁弯） | 1/5000 且≤10 | 主桁中心线与预拼装全长两端中心连线的偏差，测节点处 |

表 4.7.3-2(续)

| 序号 | 项目 | | 允许偏差(mm) | 备注 |
|---|---|---|---|---|
| 6 | 桁片相对错位 $\Delta_2$ | | ≤5.0 | 下弦同一节点编号处桥梁轴线垂线,测量主桁相对错位 |
| 7 | 纵梁至主桁距离 $L_0$ | | ≤2.0 | 预拼装两端,下层桥面纵梁、结合段上层桥面纵梁腹板中心至主桁中心距离 |
| 8 | 桁高 $H$ | | ±3.0 | 竖杆及拼接口处,相邻接口高低差≤2 |
| 9 | 主桁中心距 | 两片主桁 | ±3.0 | 节点处及预拼装全长两端的边桁与中桁弦杆中心距 |
| | | 三片主桁 | ±2.5 | 节点处及预拼装全长两端的两边桁弦杆中心距 |
| | | | ±5.0 | 节点处及预拼装全长两端的两边桁弦杆中心距 |
| 10 | 锚点间距 $B_2$ | | ±5.0 | 同一节点编号处锚点的横桥向距离 |
| 11 | 端面对角线差 | 两片主桁 | $\|L_1-L_2\|$≤3.0 | 预拼装两端横断面,主桁之间 |
| | | 三片主桁 | $\|L_1-L_2\|$≤3.0 | 预拼装两端横断面,边桁与主桁之间 |
| | | | $\|L_3-L_4\|$≤5.0 | 预拼装两端横断面,边桁之间 |
| 12 | 节点中心高度差 $H_1$ | 三片主桁 | ±5.0 | 节点处两边桁弦杆中心与中桁弦杆中心点的高度差(中桁高于边桁时差值为正) |
| | | 两片主桁 | 3 | 节点处两桁弦杆中心相对高度差 |
| 13 | 横联高度 $H_2$、$H_3$ | | ±5.0 | 上弦杆到横联水平撑杆的竖向距离 |
| 14 | 预拱度 $f$ | | $f$≤60时,±3；$f$>60时,±5$f$/100且≤10 | 各节点位置的下弦杆下水平板处 |
| 15 | 下层桥面高程 | | ±5.0 | 桥面板四角有横梁位置 |
| 16 | 上层桥面高程 | | ±8.0 | 桥面板四角有横梁位置 |
| 17 | 节段间对接错边 | | ≤1.5 | 节段焊接接口处安装匹配临时件后 |
| 18 | 桁片垂直度 | | ≤3.0 | 上、下弦杆中心线横向偏移 |

表 4.7.3-3 桥面板块预拼装装允许偏差

| 序号 | 项目 | 允许偏差(mm) | 备注 |
|---|---|---|---|
| 1 | 节间长度 | ±2$n$ | — |
| 2 | 旁弯 | 1/5000 | 桥轴线与预拼长度两端中心连线的偏差 |
| 3 | 节间对角线差 | 3 | 每个节间 |
| 4 | 桥面板宽度 | ±5(−5~0) | — |
| 5 | 桥面板对接错边 | ≤1.5 | 横梁盖板与桥面板、相邻桥面板之间 |
| 6 | 桥面板块平面度 | 纵向 $S_1$/500 且≤3.0；横向 $S_2$/300 且≤1.5 | $S_1$ 横肋间距；$S_2$ 纵肋间距 |

表 4.7.3-3(续)

| 序号 | 项目 | 允许偏差(mm) | 备注 |
|---|---|---|---|
| 7 | 桥面四角高程 | ±5 | |
| 8 | 纵梁中心距 | 接口处：±1<br>其余处：±2 | |
| 9 | 桥面板块横梁间距 | ±1.5 | |
| 10 | 环口间隙 | +3<br>−1 | 检测顶板间隙 |

4.7.4 钢塔、钢锚箱工厂预拼装应符合下列要求：

1 预拼装可采用水平或立式预拼装。

2 预拼装应连续匹配。预拼装检查合格后，应留下最后一个梁段参与下一轮次预拼装。

3 预拼装允许偏差应符合表 4.7.4-1、表 4.7.4-2 的规定。

表 4.7.4-1 钢塔预拼装允许偏差

| 序号 | 项目 | | 规定值或允许偏差(mm) | 备注 |
|---|---|---|---|---|
| 1 | 预拼装长度 $L$ | | ±2n | $n$ 为参与预拼装节段数量 |
| 2 | 节段间对口错边量 | | ≤2 | 工地接头处安装匹配件后板面错位 |
| 3 | 对角线差 | | ≤6 | — |
| 4 | 扭曲 | | ≤3+0.1L（L 单位为 m） | — |
| 5 | 垂直度 | 顺桥向 | 1.5/10000 | |
| | | 横桥向 | | |
| 6 | 旁弯 | | ≤3+0.1L（L 单位为 m） | — |
| 7 | 金属接触率 | | 壁板板规定值≥50%<br>腹板规定值≥40%<br>加劲肋规定值≥25% | |

表 4.7.4-2 钢锚箱预拼装允许偏差

| 序号 | 项目 | 规定值或允许偏差(mm) | 备注 |
|---|---|---|---|
| 1 | 预拼装高度(mm) | ±2n 且高度累计<br>偏差不超过±15 | $n$ 为参与预拼装节段数量 |
| 2 | 预拼装直线度(mm) | ≤3/10000 | — |

表 4.7.4-2（续）

| 序号 | 项　目 | 规定值或允许偏差（mm） | 备　注 |
|---|---|---|---|
| 3 | 预拼装箱体整体扭曲（mm） | ≤4 | — |
| 4 | 金属接触率（%） | ≥40 | （不考虑竖向加劲肋） |
| 5 | 顶节和底节钢锚箱锚点间距（mm） | ±15 | — |

## 4.8 涂装

**4.8.1** 涂装应符合下列要求：

1　涂装应在表面处理后4h内完成；涂装施工环境温度应为5℃～38℃，空气相对湿度不应大于85%，并且钢材表面温度应高于露点温度3℃。

2　喷砂磨料应无盐分、无污染、干燥，磨料粒度应满足粗糙度要求。

3　表面处理质量应符合《涂覆涂料前钢材表面处理　表面清洁度的目视评定》（GB/T 8923）的有关规定。涂层质量应符合《公路桥梁钢结构防腐蚀涂装技术条件》（JT/T 722）的有关规定。涂层厚度检测频次应符合表4.8.1的规定。

表 4.8.1　涂层厚度检测频次

| 序号 | 涂装面积 | 最少测量单元数量 | 最少基准面数量 |
|---|---|---|---|
| 1 | $0<S≤10m^2$ | 1个 | 3个 |
| 2 | $10m^2<S≤20m^2$ | 2个 | 6个 |
| 3 | $20m^2<S≤30m^2$ | 3个 | 9个 |
| 4 | $30m^2<S≤100m^2$ | 随机选取3个$10m^2$ | 9个 |
| 5 | $S>100m^2$ | 第一个$100m^2$，取3个，其余的每一个$100m^2$，任意选一个$10m^2$进行测量（最后不足$100m^2$，按$100m^2$计） | $9+(S/100-1)×3$ |

注1：S-单个杆件或板单元涂装面积。
注2：S/100计算结果小数点后不为0，则小数位按取整进1计入计算。
注3：每一个测量单元至少应选取三处基准表面，每一基准表面测量五点，取算术平均值。

**4.8.2** 抗滑移系数试验应符合下列要求：

1　抗滑移系数试验应符合《钢结构工程施工质量验收规范》（GB 50205）的有关规定。

2　试件与所代表的钢结构构件应为同一材质、同批制作、同一摩擦面处理工艺，并在相同条件下运输、存放。

3　抗滑移系数试件数量以2000t为一批，不足2000t视为一批。每批制作六组抗滑移系数试件，其中三组用于出厂试验，三组用于工地安装前复验。设计对抗滑移系数试件的数量及规格有要求时，按设计要求执行。

4　试件出厂时抗滑移系数不小于0.55，安装时不小于0.45。

## 4.9 包装、存放、标识和运输

4.9.1 应根据构件体积大小及外形特性制定专项包装方案。包装和存放应保证不变形、不损坏、不散失。

4.9.2 构件存放应分类码放整齐,防止倾覆、变形。构件分层码放时各层间的垫块应在同一垂直面上。

4.9.3 存放场地应坚实、平整、通风且有排水设施。支承处应有足够的承载力,在存放期间不应出现不均匀沉降。

4.9.4 构件及重要部位包装应有醒目标识,包括编号、方向、质量、重心等信息以及需要保护、防护的警示标识。

4.9.5 大件运输前应进行稳定性验算,其抗倾覆安全系数不小于1.5。运输时,应将其牢靠固定,并采取措施防止绑固时产生损伤。

## 5 安装

### 5.1 一般规定

**5.1.1** 应根据工程条件、设计要求等编制专项施工方案。

**5.1.2** 应制定监控方案，使其内力、变形、线形及高程符合设计要求。

**5.1.3** 主梁架设施工过程控制宜采用线形、应力控制。

### 5.2 钢箱梁节段安装

**5.2.1** 钢箱梁节段安装应符合下列要求：

1 安装施工前，应制定专项施工方案。

2 安装施工前应建立完善的测量控制网以及监测控制系统。

3 节段安装过程中，应保证结构的稳定性。

**5.2.2** 钢箱梁节段吊装设备应符合下列规定：

1 陆地吊装时，荷载不应大于额定荷载的80%，地基承载力、安全作业环境等应满足吊装作业要求。

2 采用浮式起重机进行安装作业时，应符合船舶管理规定，其抗倾覆稳定安全系数应大于1.5。

3 采用桥面起重机、缆索起重机施工时应进行专项设计。

**5.2.3** 支架法安装应符合下列要求：

1 支架应进行结构和安全性计算。支架应该进行预压。

2 应根据钢箱梁节段强度和变形要求合理确定吊点数量和位置。

3 使用多台起重机吊装时，应保证钢梁两端同步起落。

4 钢箱梁应以前一节段为基准进行横、纵向定位。

5 钢箱梁节段安装就位后应采用临时固定连接或限位措施。

**5.2.4** 悬拼法安装应符合下列要求：

1 悬拼法应进行结构和安全性计算。

2 悬拼过程中，宜采用千斤顶调整钢梁高程和纵、横向位置。

3 在悬臂拼装过程中应严格控制施工荷载。

4 悬拼过程中应及时测量桥梁中线、高程和梁长等，保证梁体线形符合设计要求。

5 合龙前应制定合龙方案，并严格执行。

**5.2.5** 拖拉（顶推）法安装施工应符合下列要求：

1 拖拉（顶推）法应编制专项方案，并进行结构和安全性计算。

2 拖拉(顶推)前,应进行试运行。

3 拖拉(顶推)过程中应监测主梁的中轴线偏移和前端下挠以及各支墩(架)变形等。

4 拖拉(顶推)作业应连续进行,当中途停止拖拉(顶推)时,钢梁应停止在预设支点位置,停歇期间应临时固定钢梁。

5 采用前导梁悬臂拖拉(顶推)架设时应符合下列规定:

1) 钢梁拖拉时抗倾覆稳定系数应大于1.3。

2) 导梁应具有足够的强度和刚度,导梁长度及与主梁的连接方法应满足设计要求。

3) 应根据支点不同位置,分别计算支点的局部应力、稳定性。

6 拖拉(顶推)法在平曲线上架设钢桁梁时,应符合下列规定:

1) 单跨梁拖拉中线应取桥梁设计中线。多跨梁应取各跨桥梁设计中线的平均值或采用接近的梁跨中线,拖拉完毕再横移到位。

2) 当墩台需用临时结构加宽时,应考虑其与墩台同时受力时的不同压缩量对桥梁结构的影响。

**5.2.6** 整跨架设法安装应符合下列要求:

1 安装施工前应编制吊装施工方案。

2 吊点设置符合设计及梁体的受力要求。

3 索具对称布置且受力均匀,且安全系数满足要求。

4 起吊前应进行试吊。

**5.2.7** 缆载起重机安装应符合下列规定:

1 缆载起重机应进行专项设计,编制专项施工方案。

2 缆载起重机运行前,应进行整体试运转。

**5.2.8** 钢箱梁节段安装的质量要求应满足表5.2.8的规定。

表5.2.8 钢箱梁节段安装质量要求

| 序号 | 项 目 | | 质量要求 |
|---|---|---|---|
| 1 | 轴线偏位 | | 10mm |
| 2 | 梁段的纵向位置 | | 10mm |
| 3 | 线形(高程) | | 符合设计和施工控制要求 |
| 4 | 焊缝尺寸 | | 符合设计要求 |
| 5 | 焊缝探伤首次合格率 | 超声波 | ≥90% |
| | | 磁粉 | ≥90% |
| | | 射线 | ≥90% |
| 6 | 高强螺栓连接 | 扭矩 | ±10% |
| | | 栓接面抗滑移系数 | ≥0.45 |
| 7 | 梁顶水平度 | | 6mm |

注1:测量数据应在日出之前结构温度较稳定时测读。
注2:项次5中射线检测每条焊缝两端部(起、落弧)和交叉焊缝处都必须检测。

## 5.3 钢桁梁节段安装

**5.3.1** 钢桁梁节段安装应按本指南第5.2.1条、第5.2.2条的有关规定执行。

**5.3.2** 钢桁梁节段支架法安装应符合下列要求：

1 钢桁梁节段支架法安装应按本指南第5.2.3条的有关规定执行。

2 杆件捆吊时应注意杆件上标示的重量及重心位置，宜用专用吊具保持杆件空间姿态。

3 杆件安装时应对称拼装，及时使主桁形成稳定结构。

4 安装过程中监测和调整钢桁梁的空间位置。

**5.3.3** 钢桁梁节段悬臂拼法安装施工应符合下列要求：

1 钢桁梁悬臂拼装应按本指南第5.2.4条的有关规定执行。

2 杆件较多的节点，宜通过试拼确定杆件安装和螺栓施拧顺序。

**5.3.4** 钢桁梁拖拉（顶推）法安装施工应符合下列要求：

1 钢桁梁拖拉（顶推）施工应按本指南第5.2.5条的有关规定执行。

2 拖拉（顶推）安装钢桁梁过程中，各弦杆受力应满足设计要求。

3 应根据支点不同位置，计算主桁节点的局部应力、稳定性及交会该节点的主桁杆件次应力和主桁梁拉杆临时变成压杆后的稳定性。

**5.3.5** 钢桁梁整跨架设法安装应符合下列要求：

1 钢桁梁整跨架设法安装应按本指南第5.2.6条的有关规定执行。

2 架设时应计算钢桁梁的整体刚度，并合理设置吊点。

**5.3.6** 缆载吊机吊装法应按本指南第5.2.7条的规定执行。

**5.3.7** 钢桁梁节段安装允许偏差应符合表5.3.7的规定。

表5.3.7 钢桁梁节段安装允许偏差

| 序号 | 项 目 | | 允许偏差（mm） |
|---|---|---|---|
| 1 | 钢梁中线与设计中线和高程关系 | 墩、台处横梁中线与设计线路中线偏移 | 10 |
| | | 两孔（联）间相邻横梁中线相对偏差 | 5 |
| | | 墩、台处横梁顶与设计高程偏差 | ±10 |
| | | 两孔（联）相邻横梁相对高差 | 5 |
| | | 每跨梁对角线支点的相对高差 | 5 |
| 2 | 钢梁平面 | 弦杆节点对梁跨端节点中心连线的偏移 | 跨度的1/5000 |
| | | 弦杆节点对相邻两个奇数或偶数节点中心连线的偏移 | 5 |
| 3 | 钢梁的横断面内垂直偏移 | | 立柱理论长度的1/1000 |
| 4 | 钢梁立面拱度偏差 | 设计拱度≤60mm | ±4 |
| | | 设计拱度≤120mm | ±8 |
| | | 设计拱度＞120mm | 按技术文件中规定 |

表 5.3.7（续）

| 序号 | 项目 | | 允许偏差(mm) |
|---|---|---|---|
| 5 | 两主桁相对节点位置 | 支点处相对高差 | 梁宽的 1/1000 |
| | | 梁跨中心节点处相对高差 | 梁宽的 1/500 |
| | | 跨中其他节点处相对高差 | 根据支点及跨中节点高差按比例增减 |
| 6 | 固定支座处钢梁节点中心线与设计里程纵向偏差 | 连续梁、梁跨≥60m简支梁 | ±20 |
| | | 梁跨<60m简支梁 | ±10 |

## 5.4 钢塔节段安装

5.4.1 钢塔节段安装应满足下列要求：

1 应根据起重安装设备的性能、工程条件等编制安装方案。

2 吊装前应进行试吊试验。

5.4.2 钢塔基础节段安装应符合下列要求：

1 钢塔与基础的连接采用螺栓锚固时，承压板与混凝土之间应密贴。

2 采用埋入式锚固时，应保证底座的安装精度。

3 基础节段底部安装允许偏差应符合表 5.4.2 的规定。

表 5.4.2 钢塔基础节段(底座)安装允许偏差

| 序号 | 项目 | | 允许偏差(mm) | 备注 |
|---|---|---|---|---|
| 1 | 基础节段轴线偏差 | 顺桥向 | ±3.0 | — |
| 2 | | 横桥向 | ±2.0 | — |
| 3 | | 相对桥轴线的平行度 | 1° | — |
| 4 | | 顶面高程 | ≤5.0 | |

5.4.3 钢塔标准节段安装应符合下列要求：

1 安装前应在钢塔节段上安装爬梯、工作平台等设施。

2 安装前应核查预拼装时所做的基准对位线及必要的标记标识。

3 钢塔节段对接时，应以节段匹配为主，导向装置为辅，防止节段局部变形。

4 钢塔标准节段安装允许偏差应符合表 5.4.3 的规定。

表 5.4.3 钢塔标准节段安装允许偏差

| 序号 | 项目 | | 规定值或允许偏差(mm) |
|---|---|---|---|
| 1 | 安装高度 $H$ | | ±2n 且全部≤10 |
| 2 | 总体垂直度 | 纵桥向 | $H$<120m 时，1/3000<br>$H$≥120m 时，1/4000 |

表 5.4.3（续）

| 序号 | 项目 | | 规定值或允许偏差(mm) |
|---|---|---|---|
| 2 | 总体垂直度 | 横桥向 | $H<120\mathrm{m}$ 时，1/3000<br>$H\geqslant 120\mathrm{m}$ 时，1/4000 |
| 3 | 节段轴线相对塔柱轴线的偏差 | 纵桥向 | $(h_1+h_2)/1000$ |
|  |  | 横桥向 | $(h_1+h_2)/1000$ |
| 4 | 钢塔中心距（接头部位） | | ±4 |
| 5 | 接头板边错边量 | | ≤2 |
| 6 | 横梁中心处高程的相对差 | | ≤4 |
| 7 | 金属接触率 | 塔柱壁板 | ≥50%（规定值） |
|  |  | 塔柱腹板 | ≥40%（规定值） |
|  |  | 加劲肋板 | ≥25%（规定值） |
| 8 | 斜拉索锚固点高程偏差 | | ≤10 |

注：$n$ 为节段数量；$H$ 为塔高，单位为 m；$h_1$、$h_2$ 为相邻节段高度，单位为 m。

5.4.4 钢塔节段安装测量控制应符合下列要求：

1 钢塔节段在桥位架设过程中应进行精密测量，全程监控，及时纠偏。

2 测量时间宜选择在环境温度稳定时段，四周壁板温差不超过 2℃。

### 5.5 高强度螺栓施工

5.5.1 高强度螺栓施工应符合下列要求：

1 摩擦面应保持干燥、整洁，抗滑移系数不应小于 0.45。

2 安装高强度螺栓时，螺栓应能自由穿入孔内，不得强行将螺栓打入。

3 高强度螺栓拧紧顺序，宜从螺栓群中间顺序向外侧进行拧紧（图 5.5.1），并宜在当天全部终拧完毕。施拧时，不得采用冲击拧紧和间断拧紧。

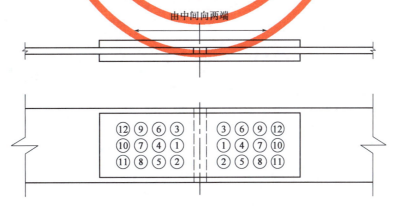

图 5.5.1 高强螺栓施拧顺序

4 高强度螺栓的拧紧分初拧、复拧和终拧依次进行。拧紧时应采用扭矩扳手，初拧、复拧扭矩可为终拧扭矩的 50%。

5 终拧时,施加扭矩应连续、平稳,螺栓、垫圈不得与螺母一起转动。当垫圈发生转动时,应更换高强螺栓连接副。

6 扭矩扳手在每班作业前后应标定,其扭矩误差为±5%;使用前,检查扭矩扳手应标定,其扭矩误差为±3%。

5.5.2 高强度螺栓连接的检验应符合下列要求:

1 初拧、复拧后应采用小锤(重约0.3kg)敲击法100%对高强度螺栓进行检查。

2 抽检应在终拧4h以后、24h之前完成,抽检比例按照螺栓数量的3%,并不少于1个。不合格数量不应超过抽验总数的20%,超过时,应继续抽检,直至累计总数的80%合格为止。对欠拧者补拧,超拧者更换后补拧。

3 终拧检查合格的螺栓,应作出规定的标记。

## 5.6 工地焊接

5.6.1 工地焊接应满足下列要求:

1 施工前应进行焊接工艺评定试验,并编制焊接工艺。

2 焊接的环境温度应不低于5℃,相对湿度不大于80%。风速不超过6级。当不符合条件时,设置防风防雨设施。

3 施焊前应清理待焊区域,应按本指南第4.3.1条的有关规定执行。

4 在密闭空间作业时,应配备通风防护安全设施。

5.6.2 焊缝检验应符合本指南第4.4节的相关规定。

## 用 词 说 明

1 本指南执行严格程度的用词,采用下列写法:
1) 表示严格,在正常情况下均应这样做的用词,正面词采用"应",反面词采用"不应"或"不得"。
2) 表示允许稍有选择,在条件许可时首先应这样做的用词,正面词采用"宜",反面词采用"不宜"。
3) 表示有选择,在一定条件下可以这样做的用词,采用"可"。

2 引用标准的用语采用下列写法:
1) 在标准条文及其他规定中,当引用的标准为国家标准或行业标准时,应表述为"应符合《××××××》(×××)的有关规定"。
2) 当引用标准中的其他规定时,应表述为"应符合本指南第×章的有关规定""应符合本指南第×.×节的有关规定""应按本指南第×.×.×条的有关规定执行"。